Alles aus der
Muffinform

Hanna Renz

Alles aus der
Muffinform

EDITION XXL

Vorwort

Fast jeder Haushalt besitzt heute eine Muffin-Backform. Mit dieser genialen Form kann man viel mehr anfangen, als ausschließlich Muffins zu backen. Eine Vielzahl von raffinierten und schnellen Verwendungsmöglichkeiten bietet sich an – und immer die richtige Portion.

Die oftmals aufwändige Vorbereitung für Partys und Feste verliert ihren gewohnten Schrecken. Einfach einen Dipp, einen erfrischenden Salat dazu – und das Buffet ist bereitet.

Alle Rezepte wurden für die 6er-Backform kreiert. Somit können Sie jederzeit auch eine 12er-Backform verwenden, ohne lästiges Halbieren und Rätseln bei unteilbaren Mengenangaben für kleinere Portionen. Bei einem größeren Bedarf multiplizieren Sie einfach entsprechend die Mengenangaben pro 6 Stück (z. B. nehmen Sie für 12 Stück einfach die doppelte Menge der Zutaten).

Ich wünsche Ihnen und Ihren Lieben viel Vergnügen beim Zubereiten, Backen und Genießen.

Ihre Hanna Renz

Inhalt

Wissenswertes über Zutaten

Ohne viele Worte zu machen, sind einige Hinweise für das optimale Gelingen doch jederzeit hilfreich – und wenn's gelingt, ist die Freude beim Genießen umso größer. Achten Sie außerdem immer auf das Haltbarkeitsdatum und die Qualität der verwendeten Produkte.

Eier

Verwenden Sie zum Backen stets frische Eier. Wählen Sie Eier der Gewichtsklasse „M", damit die gesamte Zutatenzusammenstellung übereinstimmt und der Teig oder die Masse weder klebt noch zu fest ist.

Flüssigkeiten

Die Beschaffenheit des Gebäcks wird entscheidend auch von der Art und Menge der beigegebenen Flüssigkeit beeinflusst. Verhältnismäßig wenig Flüssigkeit verfestigt das Gefüge eines Gebäcks, entsprechend mehr Flüssigkeit lässt das Gebäck lockerer werden.

Hier kann gemischt werden: Wasser und Milch können komplett gegeneinander ausgetauscht werden. Andere flüssige Milchprodukte können bis maximal zur Hälfte der gesamten Flüssigkeitszugabe beigemischt werden.

Mehl

Das in den Rezepten angegebene „Weißmehl" ist die Bezeichnung für Weizenmehl der Typen 405 und 550. Das Weizenmehl Type 405 ist das am häufigsten verwendete Mehl für feine Backwaren und zum Binden von Soßen. Sie können es auch ohne weiteres durch ein fein gemahlenes Dinkelmehl ersetzen.

Gröber ausgemahlene Weizenmehle (812, 1050 und mehr) und Roggenmehle eignen sich vor allem für Brote, können aber auch für Brötchen anteilmäßig dem feineren Mehl beigemischt werden. Der Teig und das Gebäck werden dann vom Geschmack gröber.

Wird Roggenmehl beigemischt, so sollten Sie nach der Vorteigherstellung einen geringen Teil der angegebenen Flüssigkeit durch Jogurt oder Buttermilch ersetzen, damit der Teig trotzdem richtig aufgeht. Roggenmehl benötigt nämlich für den gewünschten Gärungsprozess Säure, die ihm auf diese Weise zugeführt wird.

Es bleibt aber Ihnen überlassen, für welche Sorte Sie sich entscheiden. Probieren Sie einfach mal selbst verschiedene Möglichkeiten aus, um zu testen, was Ihnen am besten schmeckt.

Alles Mehl muss stets trocken gelagert werden. Ebenso sollen alle feinen Mehle vor der Verwendung gesiebt werden. Dadurch erhalten sie die gewünschten Backeigenschaften.

Flocken und Körner

Es ist auch möglich, dem Brötchenteig einen kleinen Teil Haferflocken, Kleie oder verschiedene Körner (Sonnenblumenkerne, Sesam usw.) beizumischen.

Triebmittel

Dem Teig werden Backtriebmittel beigegeben, damit das Gebäck aufgeht und ein lockeres, weiches Gefüge erhält.

Hefe

Hefe wird in den Lebensmittelgeschäften als Frischhefe oder Trockenhefe angeboten. In den Rezepten dieses Buches ist generell die Menge für Frischhefe angegeben. Da die Wirksamkeit der Hefe bereits vor Ablauf des Haltbarkeitsdatums beeinträchtigt sein kann, sollten Sie stets nur ganz frische Hefe verwenden. Bei Verwendung von Trockenhefe sollten Sie auf jeden Fall die Gebrauchsanweisung

des Herstellers beachten. In der Regel entspricht 1 Tütchen Trockenhefe ½ Würfel (20 g) Frischhefe.

Bei der Herstellung eines Hefeteigs ist es wichtig, dass Sie den Vorteig und den fertigen Teig jeweils abgedeckt zum Gehen an einen zugfreien, warmen Ort stellen. Ansonsten geht der Teig nur sehr langsam oder gar nicht auf.

Backpulver

Backpulver erhalten Sie ebenfalls in jedem Lebensmittelgeschäft. Alternativ dazu gibt es Weinsteinbackpulver, das allerdings nicht überall erhältlich ist. Backpulver ist ein Gemisch aus Natron und einem säurebildenden Zusatz, die für die Bläschenbildung verantwortlich sind.

Natron

Natron selbst ist ebenfalls ein Backtriebmittel, welches, wie bereits oben angeführt, auch in Backpulver enthalten ist. Es benötigt immer Säure, um richtig wirken zu können. Dies geschieht durch Zugabe z. B. von Jogurt, Buttermilch oder saurer Sahne.

Backpulver immer zuerst mit dem trockenen Mehl vermischen. Kommt es direkt mit Flüssigkeit in Berührung, verliert es an Triebkraft.

Die Backofentür frühestens nach ¼ Stunde öffnen, da sonst der bereits aufgegangene Teig in sich zusammenfallen kann.

Brötchen – da fängt der Tag gut an

Zutaten:

300 g Weißmehl
10 g Frischhefe
100 ml warme Milch
½ TL Salz
1 TL Melasse
1 frisches Ei

Zum Bestreuen:
Mehl

Für die Backform:
Butter oder Margarine

Zubereitung:

1. Das Mehl in eine Schüssel sieben und in die Mehlmitte eine Mulde eindrücken. Die Hefe in etwas warmer Milch auflösen und in die Mulde schütten. Zugedeckt ca. 15 Minuten ruhen lassen.

2. Salz, Melasse, Ei und restliche Milch dazugeben und alles zu einem glatten Teig kneten. Den Teig schlagen, bis er Blasen wirft. Nochmals zugedeckt 30–40 Minuten ruhen lassen.

3. Den Teig in 6 Stücke teilen und zu Kugeln formen. Noch einmal abdecken und weitere 10 Minuten ruhen lassen.

4. Den Backofen auf 200° C (Umluft: 180° C) vorheizen. Die Muffin-Backform fetten.

5. Die Teigkugeln in die Backformvertiefungen setzen und mit Mehl bestreuen. Mit einem scharfen Messer 2- bis 3-mal einschneiden.

6. Auf der mittleren Schiene 20–25 Minuten backen. Die fertigen Brötchen aus der Backform lösen und auf einem Kuchengitter abkühlen lassen.

Brötchen –
da fängt der Tag gut an

Zutaten:

300 g Weißmehl
20 g Frischhefe
1 Messerspitze Zucker
140 ml warme Milch
30 g weiche Butter
½ TL Salz

Für die Laugenherstellung:
½ l Wasser
1½–2 EL Natron

Zum Verzieren:
gekörntes Salz
und/oder Sesam

Für die Backform:
Margarine oder Speiseöl

Zubereitung:

1. Das Mehl in eine Schüssel sieben und in die Mehl-mitte eine Mulde eindrücken. Die Hefe und den Zucker in etwas warmer Milch auflösen und in die Mulde schütten. Zugedeckt ca. 15 Minuten ruhen lassen.

2. Die in Stücke geschnittene Butter, Salz und restliche Milch dazugeben und alles zu einem glatten Teig kne-ten. Den Teig schlagen, bis er Blasen wirft. Nochmals zugedeckt 30–40 Minuten ruhen lassen.

3. Den Teig in 6 Stücke teilen und zu Kugeln formen. Noch einmal abdecken und weitere 20 Minuten ruhen lassen.

4. Den Backofen auf 200° C (Umluft: 180° C) vorheizen. Die Muffin-Backform fetten bzw. mit Öl bestreichen.

5. Wasser und Natron in einem Topf zum Kochen brin-gen. Die Teigkugeln darin einzeln oder paarweise ca. 20–30 Sekunden kochen und in die Backformvertie-fungen setzen. Die Brötchen jeweils gleich mit einem scharfen Messer kreuzförmig einschneiden und mit dem gekörnten Salz und/oder Sesam bestreuen.

6. Auf der mittleren Schiene 20–25 Minuten backen. Die fertigen Brötchen aus der Backform lösen und auf einem Kuchengitter abkühlen lassen.

Laugenbrötchen

Brötchen –
da fängt der Tag gut an

Zutaten:

170 g Brotmehl (Type 1050)
10 g Frischhefe
100 ml warme Milch
50 g Sonnenblumenkerne
50 g Sesam
½ TL Salz
20 g weiche Butter

Zum Verzieren:
etwas Milch
verschiedene Körner oder
Körnermischung

Für die Backform:
Butter oder Margarine

Zubereitung:

1. Das Mehl in eine Schüssel sieben und in die Mehlmitte eine Mulde eindrücken. Die Hefe in etwas warmer Milch auflösen und in die Mulde schütten. Zugedeckt ca. 15 Minuten ruhen lassen.

2. Körner, Salz, in Stücke geschnittene Butter und die restliche Milch dazugeben und alles zu einem glatten Teig kneten. Den Teig schlagen, bis er Blasen wirft. Nochmals zugedeckt 30–40 Minuten ruhen lassen.

3. Den Teig in 6 Stücke teilen und zu Kugeln formen. Noch einmal abdecken und weitere 10 Minuten ruhen lassen.

4. Den Backofen auf 200° C (Umluft: 180° C) vorheizen. Die Muffin-Backform fetten.

5. Die Teigkugeln in die Backformvertiefungen setzen, mit Milch bestreichen und mit Körnern bestreuen. Auf der mittleren Schiene 20–25 Minuten backen. Die fertigen Frühstücksbrötchen aus der Backform lösen und auf einem Kuchengitter abkühlen lassen.

Frühstückswunsch

Brötchen – da fängt der Tag gut an

Zutaten:

200 g Weißmehl
10 g Frischhefe
1 Prise Zucker
50 ml warme Milch
½ Zwiebel
100 g geräucherter
Schweinebauch
20 ml Speiseöl
1 frisches Ei
½ TL Salz

Zum Verzieren:
1 frisches Eigelb
2 EL klein geschnittener Speck

Für die Backform:
Margarine oder Speiseöl

Zubereitung:

1. Das Mehl in eine Schüssel sieben und in die Mehlmitte eine Mulde eindrücken. Die Hefe mit einer Prise Zucker in etwas warmer Milch auflösen und in die Mulde schütten. Zugedeckt ca. 15 Minuten ruhen lassen.

2. Zwiebel und Bauchstück in kleine Würfel schneiden, mit etwas Öl in einer Pfanne andünsten. Zusammen mit der restlichen Milch, dem restlichen Öl, Ei und Salz zum Mehl geben und alles zu einem glatten Teig kneten. Den Teig schlagen, bis er Blasen wirft. Nochmals zugedeckt 30–40 Minuten ruhen lassen.

3. Die Muffin-Backform fetten. Den Teig in 6 Stücke teilen, zu Kugeln formen und in die Backform-vertiefungen setzen. Noch einmal abdecken und weitere 10 Minuten ruhen lassen.

4. Den Backofen auf 200° C (Umluft: 180° C) vorheizen.

5. Die Teigkugeln mit Eigelb bestreichen, mit Speck bestreuen und auf der mittleren Schiene 20–25 Minuten backen. Die fertigen Speckbrötchen aus der Backform lösen und auf einem Kuchengitter abkühlen lassen.

Speckbrötchen

Brötchen – da fängt der Tag gut an

Zutaten:

300 g Weißmehl
20 g Frischhefe
30–50 ml warme Milch
2 frische Eier
½ TL Salz
1 EL Zucker
100 g weiche Butter

Zum Bestreichen:
1 frisches Eigelb

Für die Backform:
Butter oder Margarine

Zubereitung:

1. Das Mehl in eine Schüssel sieben und in die Mehlmitte eine Mulde eindrücken. Die Hefe in warmer Milch auflösen und in die Mulde schütten. Zugedeckt ca. 15 Minuten ruhen lassen.

2. Eier, Salz, Zucker und die in Stücke geschnittene Butter dazugeben und alles zu einem glatten Teig kneten. Den Teig schlagen, bis er Blasen wirft. Den Teig in 7 Stücke teilen und zu Kugeln formen. Nochmals abgedeckt 30–40 Minuten ruhen lassen.

3. Den Backofen auf 180° C (Umluft: 160° C) vorheizen. Die Muffin-Backform fetten.

4. 6 der Teigkugeln in die Backformvertiefungen setzen und mit einem bemehlten Kochlöffelstiel jeweils in die Mitte eine Vertiefung eindrücken. Die 7. Kugel in 6 Stücke teilen, wiederum zu Kugeln formen, in die Vertiefungen legen und alles mit Eigelb bestreichen.

5. Auf der mittleren Schiene 20–25 Minuten backen. Die Brioches aus der Backform lösen und auf einem Kuchengitter abkühlen lassen.

Brötchen –
da fängt der Tag gut an

Zutaten:

100 g Brotmehl (Type 1050)
150 g Weißmehl
20 g Frischhefe
100–125 ml warmes Wasser
½ rote Paprikaschote
½ gelbe Paprikaschote
½ TL Salz
12 schwarze Oliven
2 EL Olivenöl

Zum Bestreichen:
1 EL Olivenöl

Für die Backform:
Margarine oder Speiseöl

Zubereitung:

1. Das Mehl in eine Schüssel sieben und in die Mehlmitte eine Mulde eindrücken. Die Hefe in etwas warmem Wasser auflösen und in die Mulde schütten. Zugedeckt ca. 15 Minuten ruhen lassen.

2. Die gewaschenen, halbierten und entkernten Paprikaschoten und die Oliven in Stücke schneiden und mit dem Salz, dem Olivenöl und dem restlichen Wasser dazugeben. Alles zu einem glatten Teig kneten und schlagen, bis der Teig Blasen wirft. Nochmals abgedeckt 30–40 Minuten ruhen lassen.

3. Den Teig in 6 Stücke teilen und zu Kugeln formen. Noch einmal abdecken und weitere 10 Minuten ruhen lassen.

4. Den Backofen auf 200° C (Umluft: 180° C) vorheizen. Die Muffin-Backform fetten bzw. mit Öl bestreichen.

5. Die Teigkugeln in die Backformvertiefungen setzen, mit Öl bestreichen und auf der mittleren Schiene 20–25 Minuten backen. Die fertigen Brötchen aus der Muffinform lösen und auf einem Kuchengitter abkühlen lassen.

Oliven-Paprika-Brötchen

Vorspeisen – zum Auftakt des Menüs

Zutaten:

70 g Quark (20 % Fettgehalt)
1 EL Milch
1 frisches Eigelb
1 EL Öl
½ TL Salz
1 frisches Eiweiß
150 g Weißmehl
1–2 TL Backpulver

Für die Füllung:
170 g grobe Bratwurst
150 g junger Gouda
1 Zwiebel
1 frisches Ei
½ Bund Petersilie
70 g Sauerrahm
etwas Salz und Pfeffer

Für die Backform:
Margarine

Zubereitung:

1. In einer Schüssel den Quark mit Milch, Eigelb, Öl und Salz verrühren. Das Eiweiß steif schlagen und ebenfalls dazugeben und unterheben. Mehl und Backpulver darüber sieben und alles miteinander vermischen.

2. Den Backofen auf 200° C (Umluft: 180° C) vorheizen. Die Muffin-Backform fetten.

3. Für die Füllung die Bratwurst, den Käse und die Zwiebel in kleine Würfel schneiden. Das Ei leicht verquirlen. Die Petersilie waschen, trockenschütteln, abzupfen und fein wiegen. Alles zusammen mit dem Sauerrahm vermischen und mit Salz und Pfeffer würzen.

4. Den Teig auf eine Größe von ca. 30 x 45 cm auswellen, in 6 gleich große Quadrate schneiden und diese vorsichtig in die Backformvertiefungen eindrücken. Die Füllung in die Täschchen verteilen und den Teig oben nur leicht zusammendrücken, so dass die Ecken nach außen gebogen bleiben. Auf der mittleren Schiene 25–30 Minuten backen. Noch heiß servieren.

Partyteilchen

25

Vorspeisen – zum Auftakt des Menüs

Zutaten:

170 g Weißmehl Type 405
60 g kalte Butter
1 frisches Ei
½ TL Salz

Für die Füllung:
60 g frische Champignons
250 g Hühnchenbrustfilet
etwas Salz und Pfeffer
1 EL Bratöl
2 EL Weißwein
100 g Crème fraîche
1 frisches Ei
2 EL Parmesan
1 Messerspitze Senf
etwas Salz, Paprika und Pfeffer

Zum Bestreuen:
1 EL Weichweizen-Grieß

Für die Backform:
Margarine

Zubereitung:

1. Das Mehl auf eine Backunterlage sieben und in die Mehlmitte eine Mulde eindrücken. Die Butter in Flöckchen, das Ei und Salz in die Mulde geben. Alles zusammen mit einem Messer zu einem Mürbteig verarbeiten. Den Mürbteig abgedeckt kühl stellen.

2. Die Champignons in feine Scheiben schneiden. Das Hühnchenbrustfilet in Stücke schneiden, mit Salz und Pfeffer würzen und in Öl kurz anbraten. Die Champignons und den Wein hinzufügen, nochmals kurze Zeit mitbraten, dann vom Herd nehmen.

3. Crème fraîche, Ei, geriebenen Parmesan und Senf dazugeben. Alles miteinander verrühren und nochmals mit Salz, Pfeffer und Paprika abschmecken.

4. Den Backofen auf 180° C (Umluft: 160° C) vorheizen. Die Muffin-Backform fetten.

5. Den Mürbteig in 6 ca. gleich große Stücke teilen und gleichmäßig in die Backformvertiefungen eindrücken. Den Teigboden mit Grieß bestreuen und mit der Füllmasse befüllen.

6. Auf der mittleren Schiene 20–25 Minuten backen und noch heiß servieren.

Hühnchensoufflé

Zutaten:

5 Blatt weiße Gelatine
2 ca. ½ cm dicke Scheiben
gekochter Putenschinken
1 gekochte Möhre
150 g Gemüsemais (Konserve)
200 g tiefgefrorene oder
frische Erbsen
100 ml Weißwein
50 ml Wasser
½ EL Zitronensaft
½ EL Gemüsebrühe (Instant)
1 Messerspitze Zucker
½ TL Salz
1–2 Tropfen Worchestersoße
1–2 Tropfen Tabascosoße

Für die Backform:
etwas Wasser

Verwenden Sie tiefgekühlte
Erbsen, so beginnt die
Masse bereits nach ca.
1 Stunde zu erstarren.

Zubereitung:

1. Die Gelatine ca. 15 Minuten in kaltem Wasser quellen lassen.

2. Die Muffin-Backform mit etwas Wasser benetzen.

3. Aus dem Schinken mit einem Rundausstecher passend für die Backformvertiefungsböden (ca. 50 mm) 6 Scheiben ausstechen. In die Mitte der Schinkenscheiben eine Aussparung von ca. 20 mm ausstechen und den Schinken in die Backformvertiefungen legen.

4. Von der gekochten Möhre 6 ca. ½ cm dicke Scheiben schneiden und in die Mitte der ausgestochenen Schinkenscheiben legen. Nun die Backformvertiefungen mit Mais, dann mit den Erbsen befüllen.

5. Den Wein, das Wasser, Zitronensaft, Gemüsebrühe, Zucker, Salz und Gewürzsoßen in einem Topf unter ständigem Rühren erhitzen. Die Flüssigkeit darf jedoch nicht kochen. Die Gelatine aus dem Wasser nehmen, ausdrücken und in die Flüssigkeit rühren. Diese etwas abkühlen lassen und in die Backformvertiefungen füllen. Die Sülze abkühlen lassen, bis diese erstarrt ist. Ggf. im Kühlschrank 2–3 Stunden ruhen lassen.

Tipp: Löst sich die Sülze nicht aus der Muffinform, so können Sie die Form kurz in heißes Wasser tauchen und stürzen oder ein feuchtes heißes Tuch auf die gestürzte Form legen, bis sich die Sülze aus der Form löst.

Gemüsesülze

Vorspeisen –
zum Auftakt des Menüs

Zutaten:

3 Blatt weiße Gelatine
½ Bund frischer Dill
25 g schwarze entsteinte
Oliven
250 g Frischkäse
(Doppelrahmstufe)
1–2 TL Zitronensaft
30 g saure Sahne
etwas Salz und Pfeffer
140 ml süße Sahne

Zum Verzieren:
etwas frischer Dill

Für die Backform:
etwas Wasser

Wer keine Oliven mag,
kann stattdessen 1 Teelöffel
mehr Dill hinzufügen.

Zubereitung:

1. Die Gelatine ca. 15 Minuten in kaltem Wasser quellen lassen.

2. Den Dill waschen, trockenschütteln, abzupfen und fein wiegen, die entsteinten Oliven klein hacken. Den Frischkäse, Zitronensaft, saure Sahne, Gewürze, Dill und Oliven miteinander verrühren.

3. Die Gelatine aus dem Wasser nehmen, etwas ausdrücken und in einer Pfanne oder einem Topf unter ständigem Rühren leicht erhitzen (sie darf jedoch nicht kochen), bis sie sich aufgelöst hat. Die Gelatine unter die Frischkäsemasse rühren. Abgedeckt im Kühlschrank ca. 15 Minuten ruhen lassen.

4. Die Sahne steif schlagen und unter die Frischkäsemasse heben.

5. Die Muffin-Backform mit kaltem Wasser benetzen. Die Backformvertiefungen mit der Frischkäsemasse befüllen und abgedeckt im Kühlschrank ca. 3–4 Stunden fest werden lassen.

6. Die Mousses vorsichtig aus der Form lösen und mit etwas Dill verzieren.

Tipp: Eignet sich auch als traumhafter Brotaufstrich.

Frischkäsemousse

Vorspeisen – zum Auftakt des Menüs

Zutaten:

250–270 g Blätterteig
(frisch oder tiefgekühlt)

Für die Füllung:
2 frische Eier
250 g klein geschnittene
Lachsfilets
60 g saure Sahne
80 g Ricotta
3 fein gehackte
Frühlingszwiebeln
Salz und Pfeffer

Für die Backform:
Margarine

Zubereitung:

1. Den tiefgekühlten Blätterteig ca. 30 Minuten auftauen.

2. Den Backofen auf 200° C (Umluft: 180° C) vorheizen. Die Muffin-Backform fetten.

3. Die Eier leicht verquirlen und mit dem klein geschnittenen Lachsfilet, saurer Sahne, Ricotta und den geputzten, gewaschenen und fein gehackten Frühlingszwiebeln vermischen. Die Füllmasse mit Salz und Pfeffer abschmecken.

4. Den Blätterteig leicht auswellen, in 6 Stücke zu ca. 15 x 15 cm schneiden und in die Backform-vertiefungen legen. Mit der Füllmasse befüllen, die überstehenden Teigecken darüber klappen und die Lachstäschchen auf der mittleren Schiene 20–25 Minuten backen. Noch warm servieren.

Tipp: Die Lachstäschchen schmecken auch kalt.

Lachstäschchen

Vorspeisen –
zum Auftakt des Menüs

Zutaten:

125 g Weißmehl
10 g Frischhefe
60 ml warme Milch
¼ TL Salz
20 g Butter

60 g Greyerzer Käse
60 g Appenzeller Käse
30 g Raclettekäse
20 g Emmentaler Käse
1 frisches Ei
1 EL Weißmehl
100 g saure Sahne
(10 % Fettgehalt)
etwas Pfeffer, Salz,
Muskatnuss und Paprikapulver

Für die Backform:
Margarine

Zubereitung:

1. Das Mehl in eine Schüssel sieben und in die Mehlmitte eine Mulde eindrücken. Die Hefe in etwas warmer Milch auflösen und in die Mulde schütten. Salz und Butterflöckchen auf dem Mehlrand verteilen. Abgedeckt ca. 10 Minuten ruhen lassen.

2. Die restliche Milch dazugeben und das Ganze zu einem glatten Teig kneten. Nochmals zugedeckt 20–30 Minuten ruhen lassen.

3. Den Backofen auf 200° C (Umluft: 180° C) vorheizen. Die Muffin-Backform fetten.

4. Den Käse fein raspeln, mit dem Ei, Mehl und saurer Sahne vermischen und mit den Gewürzen abschmecken.

5. Den Teig ausrollen, in 6 ca. 15 x 15 cm große Stücke schneiden und in die Backformvertiefungen einlegen. Mit der Käsefüllmasse befüllen und auf der mittleren Schiene 20–25 Minuten backen. Noch heiß servieren.

Tipp: Dazu passt frischer grüner oder bunter Salat mit Gartenkräutern.

Zutaten:

6 mittelgroße Tomaten
100 g Zucchini
70 g Hartkäse
1 frisches Ei
1 EL Weißmehl
50 g Crème fraîche
1 Knoblauchzehe
etwas Salz und Pfeffer

Für die Soße:
30 g Butter
20 g Weißmehl
½ l Gemüsebrühe
100 g Sauerrahm
Salz und Pfeffer

Zum Verzieren:
½ Bund Dill
½ Bund Basilikum

Für die Backform:
Margarine

Zubereitung:

1. Den Backofen auf 200° C (Umluft: 180° C) vorheizen. Die Muffin-Backform fetten.

2. Die Tomaten waschen, den Deckel abschneiden und die Tomaten aushöhlen.

3. Die Zucchini waschen, schälen und die Enden großzügig abschneiden. Nun die Zucchini längs aufschneiden, das Innere mit einem Löffel entfernen. Das Fruchtfleisch und den Hartkäse fein raspeln.

4. Das Ei in einer Schüssel mit dem Mehl und Crème fraîche verquirlen. Die Knoblauchzehe durchpressen, dazurühren und das Ganze mit Salz und Pfeffer würzen. Zucchini und Käse hinzugeben und verrühren.

5. Die ausgehöhlten Tomaten in die Backformvertiefungen setzen und befüllen. Auf der mittleren Schiene 20–25 Minuten backen.

6. Für die Soße die Butter in einer Pfanne zerlassen. Das Mehl dazugeben und mit der Butter vermischen, bis das Mehl vollständig durchtränkt ist. Die Gemüsebrühe dazugießen, mit einem Schneebesen glatt rühren und kurz aufkochen lassen. Den Sauerrahm hinzufügen, würzen und verrühren.

7. Die Kräuter waschen, die Blätter abzupfen und fein wiegen. Die heißen Tomaten mit der Soße servieren und die Kräuter zum Bestreuen dazureichen.

Tipp: Dazu passen Reis oder Reisnudeln.

Gefüllte Tomaten

Hauptspeisen –
für kleine und große Tafelrunden

Zutaten:

125 g schmale Bandnudeln
1 l Wasser
1 TL Salz
1 EL Butter
1 kleine klein geschnittene
Zwiebel
100 g in kleine Würfel
geschnittener gekochter
Schinken

2 frische Eier
100 g in Würfel geschnittener
Goudakäse
etwas Salz, Pfeffer und
Paprikagewürz

Für die Backform:
Margarine

Zubereitung:

1. Wasser und Salz in einem Topf zum Kochen bringen, die Nudeln dazugeben und nicht zu weich (mit „Biss") kochen.

2. Die Butter in einer Pfanne zerlassen, die Zwiebel darin andünsten und mit dem Schinken anbraten.

3. Den Backofen auf 200° C (Umluft: 180° C) vorheizen. Die Muffin-Backform fetten.

4. In einer Schüssel die Eier verquirlen, mit den Nudeln, den Zwiebel-, Schinken- und Käsewürfeln und den Gewürzen vermischen. Die Masse in die Backform-vertiefungen füllen und auf der mittleren Schiene 20–25 Minuten backen. Noch heiß servieren.

Tipp: Reichen Sie frischen Salat dazu.

Nudelnester

Zutaten:

6 kleine verschiedenfarbige
Paprikaschoten
120 g Basmatireis
120 ml Wasser
1 TL Salz
1 klein gehackte Zwiebel
2 EL Olivenöl
200 g Hackfleisch
2 frische Eier
1 Bund frische Petersilie
100 g Gratinkäse
etwas Pfeffer

Für die Soße:
30 g Butter
20 g Weißmehl
½ l Gemüsebrühe
2 EL Tomatenmark
aus der Tube
125 ml süße Sahne
½ EL Zitronensaft
etwas Salz und Pfeffer

Für die Backform:
Margarine

Zubereitung:

1. In einem Topf Wasser und Salz zum Kochen bringen. Den Reis dazugeben, den Topf schließen und den Reis bei geringer Hitze 15–20 Minuten quellen lassen.

2. In einer Bratpfanne die Zwiebel in etwas Öl andünsten, das Hackfleisch hinzufügen und anbraten. Den Reis, die Eier, fein gewiegte Petersilie und Gratinkäse dazugeben, mit dem Hackfleisch vermischen, mit Pfeffer würzen und beiseite stellen.

3. Den Backofen auf 200° C (Umluft: 180° C) vorheizen. Die Muffin-Backform fetten.

4. Die Paprikaschoten waschen, den Deckel abschneiden und die Kerne entfernen. Die Paprikaschoten in die Backformvertiefungen setzen. Die Reis-Hackfleischmischung in die Paprikaschoten füllen und die Deckel aufsetzen.

5. Für die Soße in einer Pfanne die Butter zerlassen. Das Mehl dazugeben und mit der Butter vermischen, bis das Mehl vollständig durchtränkt ist. Die Gemüsebrühe angießen, mit einem Schneebesen glatt rühren und aufkochen lassen. Bei milder Hitze das Tomatenmark und die Sahne einrühren. Den Zitronensaft dazugeben, mit Salz und Pfeffer abschmecken.

6. Die Paprikaschoten auf der mittleren Schiene 25–30 Minuten backen. Noch heiß mit der Soße servieren.

Gefüllte Paprikaschoten

Hauptspeisen –
für kleine und große Tafelrunden

Zutaten:

150 g Weißmehl
1 frisches Ei
1 Prise Salz
50 g Butter

Für die Füllung:
200 g gekochter Schinken
1 EL Butter
1 EL Weißmehl
100 ml Fleischbrühe
1 frisches Eigelb
1 Prise Muskatnuss
etwas Salz und Pfeffer

Zum Bestreichen:
1 frisches Eigelb

Für die Backform:
Margarine oder Butter

Zubereitung:

1. Das Mehl auf eine Backunterlage sieben und in die Mehlmitte eine Mulde eindrücken. Das Ei in die Mulde geben, Salz und Butterflöckchen auf dem Mehlrand verteilen. Alles zügig zu einem Mürbteig kneten.

2. Den Backofen auf 200° C (Umluft: 180° C) vorheizen. Die Muffin-Backform fetten.

3. Den Teig in 8 Stücke teilen. 6 Teile davon vorsichtig in die Backformvertiefungen eindrücken und den Boden 1- bis 2-mal mit einer Gabel einstechen. Aus den restlichen 2 Teilen 6 Kugeln formen und auf einer leicht bemehlten Unterlage zu ausreichend großen Deckeln auswellen.

4. Den Schinken in kleine Würfel schneiden und in der Küchenmaschine pürieren. In einem Topf die Butter erhitzen. Das Mehl zu der flüssigen Butter geben und rühren, bis das Mehl durchtränkt ist und braun zu werden beginnt. Die Fleischbrühe dazugießen, mit dem Schneebesen glatt rühren und dabei kurz kochen lassen. Dann vom Herd nehmen, das Eigelb zügig unterrühren und mit den Gewürzen abschmecken. Nun den Schinken hinzufügen und alles gut verrühren.

5. Die Füllung in die Förmchen füllen, die Teigdeckel aufsetzen und am Rand etwas andrücken. Mit Eigelb bestreichen. Auf der mittleren Schiene 20–25 Minuten backen und noch heiß servieren.

Tipp: Reichen Sie grünen, gemischten oder Tomatensalat dazu.

Zürcher Pastetchen

Hauptspeisen –
für kleine und große Tafelrunden

Zutaten:

150 g Weißmehl
15 g Frischhefe
1 Prise Zucker
60–70 ml warme Milch
2 Messerspitzen Salz
10 g weiche Butter
1 frisches Ei

Zum Einschlagen:
70 g kalte Butter

Für die Füllung:
1 Schweinefilet (ca. 400 g)
50 g Butter
etwas Salz und Pfeffer
150 g gekochter Schinken
½ Bund Petersilie
½ Bund Thymian

Für die Backform:
Margarine

Zubereitung:

1. Das Mehl in eine Schüssel sieben und in die Mehlmitte eine Mulde eindrücken. Hefe und Zucker in der Milch auflösen und in die Mulde schütten. Mit etwas Mehl bestreuen und abgedeckt ca. 15 Minuten ruhen lassen.

2. Salz, Butter und Ei dazugeben und das Ganze zu einem glatten Teig kneten. Nochmals zugedeckt 30–40 Minuten ruhen lassen.

3. Den gegangenen Teig zu einem ca. 5 mm dicken Rechteck auswellen. Die halbe Fläche mit sehr dünnen Butterscheiben dicht belegen. Nun die unbelegte Seite darüber klappen, die Ränder leicht andrücken und zu den offenen Seiten hin wieder zu einem ca. 5 mm dicken länglichen Rechteck auswellen. Die Teigenden einschlagen und das ganze Rechteck einmal einschlagen, so dass der Teig 4fach übereinander liegt. Diesen Vorgang 3- bis 4-mal wiederholen und dazwischen den Teig immer wieder kalt stellen.

4. Das Filetstück bei mittlerer Hitze von allen Seiten in Butter gleichmäßig anbraten, herausnehmen, würzen und abkühlen lassen.

5. Den Backofen auf 200° C (Umluft: 180° C) vorheizen. Die Muffin-Backform fetten.

6. Die Kräuter waschen und fein wiegen. Den Teig auf eine Größe von ca. 30 x 25 cm auswellen und mit Schinkenscheiben belegen – dabei ca. ¼ der Länge zum Schließen frei lassen – und die Kräuter darüber streuen. Dann das Filetstück an der schmalen Vorderkante auflegen und vorsichtig aufrollen. Die Rolle in 6 gleich große Stücke schneiden, in die Muffinform setzen und mit flüssiger Butter bestreichen.

7. Auf der mittleren Schiene 15–20 Minuten backen und noch heiß servieren.

Filet in Röckchen

Zutaten:

¼ rote Paprikaschote
½ Tomate
½ Karotte
¼ mittelgroße Zwiebel
40 g Champignons
(kleine Köpfe)
2 EL gehackte Gartenkräuter
(z. B. Petersilie,
Liebstöckel, Dill usw.)
40 g Mais aus der Konserve
300 g Fleischkäsebrät

Für die Backform:
Margarine

Zubereitung:

1. Das Gemüse putzen und waschen, die Kräuter waschen und trockenschütteln. Paprikaschote und Tomate klein schneiden. Die Karotte raspeln. Die Zwiebel schälen und klein würfeln, die Champignons in dünne Scheiben schneiden, die Kräuter fein wiegen.

2. Den Backofen auf 180° C (Umluft: 160° C) vorheizen. Die Muffin-Backform fetten.

3. Den Mais und die vorbereiteten Zutaten mit dem Fleischkäsebrät vermischen, die Backformvertiefungen befüllen und den Fleischkäse auf der mittleren Schiene 20–25 Minuten backen. Noch warm servieren.

Tipp: Dazu passen geröstete Zwiebelringe, Kartoffelpüree und Salat oder Kartoffelsalat.

Hauptspeisen –
für kleine und große Tafelrunden

Zutaten:

200 g Weißmehl
10 g Frischhefe
100 ml warme Milch
½ TL Salz

100 g Schinken
½ klein gewürfelte Zwiebel
1 EL Butter
½ Bund frische oder
1 EL getrocknete Petersilie
50 g Quark (40 % Fettgehalt)
1 frisches Eiweiß
etwas Salz und Pfeffer

Zum Verzieren:
1 frisches Eigelb
50 g Sesam

Für die Backform:
Margarine

Zubereitung:

1. Das Mehl in eine Schüssel sieben und in die Mehlmitte eine Mulde eindrücken. Die Hefe in etwas warmer Milch auflösen und in die Mulde schütten. Zugedeckt ca. 15 Minuten ruhen lassen.

2. Die restliche Milch und Salz dazugeben, alles zu einem glatten Teig kneten und schlagen, bis der Teig Blasen wirft. Nochmals abdecken und 30–40 Minuten ruhen lassen.

3. Den Schinken in kleine Stücke schneiden, mit der klein gewürfelten Zwiebel und Butter in einer Pfanne leicht andünsten und abkühlen lassen. Die Petersilie waschen, trockenschütteln, abzupfen und klein hacken. Petersilie, Quark und Eiweiß zum Schinken geben, verrühren und würzen.

4. Den Backofen auf 200° C (Umluft: 180° C) vorheizen. Die Muffin-Backform fetten.

5. Den gegangenen Hefeteig auf einer leicht bemehlten Unterlage auf eine Größe von ca. 30 x 40 cm auswellen, mit der Schinkenfüllung gleichmäßig bestreichen und aufrollen.

6. Die Rolle in 6 Stücke schneiden und die Rollenstücke aufrecht in die Backformvertiefungen setzen. Das Eigelb verquirlen, die Schnecken bestreichen und mit Sesam bestreuen. Auf der mittleren Schiene 20–25 Minuten backen. Die fertigen Sesam-Schnecken aus der Backform lösen und auf einem Kuchengitter etwas abkühlen lassen. Noch warm servieren.

Gefüllte Sesamschnecken

Hauptspeisen – für kleine und große Tafelrunden

Zutaten:

1 kleine Zwiebel
1 grüne Paprikaschote
1 Knoblauchzehe
1 Bund Petersilie
200 g Hackfleisch
2 frische Eier
60–70 g Semmelbrösel oder
1 in kaltem Wasser geweichtes
altbackenes Brötchen
1 Messerspitze Thymian oder
Muskatnuss
1 Messerspitze Paprikapulver
je 1 Prise Salz und Pfeffer

Für die Füllung:
3 hart gekochte Eier

Für die Backform:
Margarine

Zubereitung:

1. Den Backofen auf 200° C (Umluft: 180° C) vorheizen. Die Muffin-Backform fetten.

2. Die Paprikaschote waschen, halbieren und vom Kerngehäuse befreien. Die Zwiebel und die Paprikaschote in kleine Würfel schneiden. Die Knoblauchzehe durchpressen. Die Petersilie waschen, trockenschütteln, abzupfen und fein wiegen.

3. Das Hackfleisch, Eier, Semmelbrösel oder das aufgeweichte ausgedrückte Brötchen, Paprika- und Zwiebelwürfel, Knoblauch, Petersilie und Gewürze vermischen.

4. Die geschälten hart gekochten Eier halbieren, mit dem Fleischteig umhüllen und in die Backformvertiefungen setzen. Etwas eindrücken und auf der mittleren Schiene 20–25 Minuten backen. Noch heiß servieren.

Fescher Hase

Hauptspeisen –
für kleine und große Tafelrunden

Zutaten:

60 g Maisgrieß
300 ml Wasser
½ TL Salz
je 1 Prise Pfeffer und
Muskatnuss
50 ml süße Sahne
4 EL klein geschnittene
rote Paprikaschote
1 kleine Zwiebel
120 g geriebener Appenzeller
etwas Salz und Pfeffer
250–270 g Blätterteig
(frisch oder tiefgekühlt)

Für die Backform:
Margarine

Zubereitung:

1. Wasser und Salz zum Kochen bringen. Den Maisgrieß unter ständigem Rühren einrieseln und 10 Minuten bei mäßiger Hitze köcheln lassen. Mit Pfeffer und Muskatnuss würzen. Vom Herd nehmen. Die Sahne steif schlagen und unterheben. Weitere 10 Minuten quellen lassen.

2. Paprikaschote und klein geschnittene Zwiebel mit dem geriebenen Käse zu dem Grieß geben und alles vermischen. Mit Salz und Pfeffer abschmecken.

3. Den Backofen auf 200° C (Umluft: 180° C) vorheizen. Die Muffin-Backform fetten.

4. Den Blätterteig leicht auswellen und in 6 gleich große Rechtecke schneiden. Die Teigstücke mit Wasser bestreichen. Aus der Grießmasse 6 Kugeln formen und in die Mitte der Teigstücke legen. Die Teigenden fassen, zusammendrücken und die Polentataschen in die Backformvertiefungen setzen.

5. Auf der mittleren Schiene 12–15 Minuten backen. Noch heiß servieren.

Tipp: Dazu passt grüner Salat und/oder wie in Spanien: ein gegrilltes Steak.

Polentataschen

Hauptspeisen –
für kleine und große Tafelrunden

Zutaten:

125 g Weißmehl
1 TL Backpulver
½ TL Natron
½ TL Salz

1 frisches Ei
1 Zwiebel
½ kleine Paprikaschote
1 Tomate
60 g Salami
50 ml Olivenöl
1 TL Pizzagewürz
100 g geraspelter Emmentaler
120 ml Buttermilch

Zum Verzieren:
etwas geraspelter Emmentaler
etwas Pizzagewürz

Für die Backform:
Margarine

Zubereitung:

1. Den Backofen auf 200° C (Umluft: 180° C) vorheizen. Die Muffin-Backform fetten.

2. In einer Schüssel das Mehl, Backpulver, Natron und Salz gut miteinander vermischen.

3. In einer weiteren großen Schüssel das Ei leicht verquirlen. Die klein gewürfelte Zwiebel, die klein geschnittene Paprikaschote, Tomate und Salami, Olivenöl, Pizzagewürz, geraspelten Emmentaler und Buttermilch dazugeben und alles miteinander verrühren.

4. Die trockenen zu den feuchten Zutaten geben und vorsichtig unterheben.

5. Die Muffin-Backform mit Teig befüllen, die Pizza-portionen mit Käse und Gewürz bestreuen und auf der mittleren Schiene 20–25 Minuten backen. Noch heiß servieren.

Zutaten:

4 Blatt weiße Gelatine
220 ml Milch
1 Päckchen Bourbon-
Vanillezucker
80 g brauner Zucker
30 g Weichweizen-Grieß
2 frische Eigelb
200 ml Sahne

500 g Pflaumenkompott
3 EL Zucker
50 g Mandelstifte
100 ml Sahne

Für die Backform:
Wasser

Zum besseren Lösen aus der
Form kann ein mit heißem
Wasser getränktes Tuch auf
die Rückseite der Backform
gelegt werden.

Zubereitung:

1. Die Blatt-Gelatine in etwas kaltem Wasser ca.
   10 Minuten quellen lassen.

2. In einem Topf die Milch, Vanillezucker und Zucker
   unter leichtem Rühren zum Kochen bringen. Während
   des Rührens den Grieß einstreuen und nochmals kurz
   aufkochen lassen. Den Topf von der heißen Herd-
   platte nehmen und den Grieß ca. 10 Minuten quellen
   lassen. Die Eigelbe zum noch heißen Grieß geben
   und mit einem Schneebesen zügig verrühren.

3. Die Blatt-Gelatine aus dem Wasser nehmen, etwas
   ausdrücken und ebenfalls zügig in den etwas abgekühlten Grieß einrühren.

4. Die Sahne steif schlagen und unter die beinahe
   abgekühlte und fest zu werden beginnende Grießmasse heben.

5. Die Muffin-Backform kalt ausspülen, mit der Grießmasse befüllen und im Kühlschrank 2–3 Stunden
   erstarren lassen.

6. Das Pflaumenkompott, Zucker und Mandelstifte unter
   ständigem Rühren erhitzen und wieder abkühlen lassen. Die Sahne steif schlagen.

7. Vor dem Servieren die Grießtörtchen auf eine Platte
   stürzen, auf Portionsschälchen verteilen und mit dem
   Kompott und der Sahne servieren.

Desserts –
die süße Krönung

Zutaten:

2 EL Instantkaffeepulver
1 EL Zucker
50 ml erwärmte Sahne
1 EL Rum
18 Stück (= ca. 80 g)
Rundkekse

1 frisches Eigelb
1 frisches Eiweiß
80 ml Sahne
1 Päckchen Vanillezucker
3 EL Puderzucker
125 g Mascarpone
3 Blatt weiße Gelatine

Zum Verzieren:
½ TL Kakaopulver
1 Schablone (falls vorhanden)

Für die Backform:
Papierbackförmchen

Zubereitung:

1. Die Gelatine ca. 15 Minuten in kaltem Wasser quellen lassen.

2. Das Kaffeepulver und den Zucker in der erwärmten Sahne auflösen und mit dem Rum vermischen. Die Rundkekse eintauchen und kurz einziehen lassen. (Jedoch Vorsicht: nicht zu lange eintauchen, die Kekse zerfallen sonst!)

3. Das Eigelb schaumig rühren. Das Eiweiß steif schlagen. Dann die Sahne mit Vanille- und Puderzucker steif schlagen. Alles zusammen mit dem Mascarpone in eine Schüssel geben und vorsichtig unterheben. Die Gelatine ausdrücken, in einem Topf erhitzen, bis sie sich auflöst, und zügig unter die Creme mischen.

4. Die Muffin-Backform mit Papierbackförmchen auslegen und abwechselnd mit Rundkeksen und Creme schichtweise befüllen. Es ergeben sich 3 Schichten. Mit Creme abschließen. Im Kühlschrank 3–4 Stunden kalt stellen.

5. Die Tiramisu-Teilchen vor dem Servieren mit Kakao bestreuen, eventuell mit Schablone (sofern vorhanden).

Zutaten:

200 g Rahmjogurt
(10 % Fettgehalt)
1 Päckchen Vanillezucker
100 g Mohnback-
Fertigmischung
Saft von ½ Zitrone
170 ml Sahne
1 EL Puderzucker

Für die Himbeersoße:
1 ½ EL Speisestärke
80 ml Rotwein
250 g Himbeeren
100 g Zucker

Für die Erdbeer-Sahne-Soße:
250 g Erdbeeren
½ Zimtstange
1 TL Tortenguss klar
2 TL Zucker
2 EL Erdbeersaft
oder kaltes Wasser
2 TL frisch gepresster
Zitronensaft
100 g Sahne

Um den Fettgehalt zu
reduzieren, kann die Sahne
weggelassen werden.

Zubereitung:

1. Den Jogurt mit Vanillezucker, Mohn und Zitronensaft verrühren. Die Sahne mit dem Puderzucker steif schlagen, unter die Jogurtmasse heben und die Creme in die mit Wasser benetzten Backformvertiefungen füllen. Abgedeckt ca. 4–5 Stunden tiefkühlen.

2. Für die Himbeersoße die Speisestärke im Rotwein klümpchenfrei auflösen, mit den Himbeeren und dem Zucker in einem Topf erhitzen und unter ständigem Rühren 4–5 Minuten kochen lassen.

3. Ca. 15–20 Minuten vor dem Servieren das Parfait aus dem Tiefkühlfach nehmen. Aus der Form lösen und mit frischen Himbeeren und der heißen Soße servieren.

Tipp: Statt der Himbeersoße können Sie zu dem Parfait auch eine Erdbeer-Sahne-Soße servieren. Dazu die Erdbeeren waschen und klein schneiden. Das Tortengusspulver mit dem Zucker vermischen und mit dem Saft oder dem Wasser glatt rühren. Die Erdbeeren mit der Zimtstange in einem Topf erhitzen und unter Rühren kurz aufkochen lassen. Das angerührte Tortengusspulver und den Zitronensaft dazugeben und verrühren. Den Topf vom Herd nehmen und abkühlen lassen. Die Sahne steif schlagen und mit der fast abgekühlten Erdbeersoße vermischen.

Zutaten:

2 Äpfel
20 ml Rum

2 frische Eier
50 g brauner Zucker
150 g Weißmehl
50 g Grieß
25 g weiche Butter
100 g Quark (20 % Fettgehalt)
oder Magerquark
50 ml Sahne
½ Päckchen Vanillezucker
½ TL Zimt
35 g gehackte Walnusskerne
35 g Rosinen

Für die Backform:
Margarine

Zubereitung:

1. Die Äpfel waschen, schälen, würfeln und in eine Schüssel geben (keine Plastikschüssel verwenden!) und mit Rum übergießen. Zugedeckt ca. 20 Minuten ziehen lassen.

2. Den Backofen auf 180° C (Umluft: 160° C) vorheizen. Die Muffin-Backform fetten.

3. Eier und Zucker verquirlen. Mehl und Grieß darüber sieben und kurz mitrühren. Die weiche Butter, Quark, Sahne, Vanillezucker, Zimt, Walnüsse und Rosinen dazugeben und verrühren. Den Teig mit den Äpfeln verrühren und die Masse gleichmäßig in die Backform-vertiefungen verteilen.

4. Auf der mittleren Schiene 15–20 Minuten backen und heiß servieren.

Tipp: Mit Pflaumenkompott und Vanillesoße oder Sahne servieren.

Zutaten:

6 Äpfel (Cox Orange
oder Jonagold)
100 g Preiselbeer-Marmelade
1 Zitrone
3 EL Zucker

Für die Backform:
Margarine

Zubereitung:

1. Den Backofen auf 180° C (Umluft: 160° C) vorheizen. Die Muffin-Backform fetten.

2. Die Äpfel waschen und schälen. Das Kernhaus ausstechen und die Äpfel in die Backformvertiefungen setzen.

3. Die Äpfel mit der Marmelade befüllen. Die Zitrone auspressen, den Saft mit dem Zucker verrühren und mit einem Löffel über die Äpfel träufeln.

4. Auf der mittleren Schiene 15–20 Minuten backen. Noch heiß servieren.

Tipp: Vor allem im Winter ein sehr beliebtes Dessert, zu dem eine Vanillesoße gut schmeckt. Zur Abwechslung können Sie die Äpfel auch mit gehackten Walnuss- oder Haselnusskernen, abgeriebener Zitronenschale, etwas Marzipanrohmasse, Korinthen, Honig und Butter füllen.

Die 9 Süßen – zum Verwöhnen bei Kaffee und Tee

Zutaten:

125 g Weißmehl
½ TL Backpulver
½ TL Natron
1 Päckchen Vanillezucker
1 Orange

1 frisches Ei
40 ml Pflanzenöl
40 g Zucker
125 g Mohn-Backmischung

Zum Verzieren:
2 EL Vanille-Puddingpulver
1 EL Zucker
100 ml Milch
60 g Quark

50 g Halbbitter-Kuvertüre
6 Orangenscheiben

Für die Backform:
Margarine oder
Papierbackförmchen

Zubereitung:

1. Den Backofen auf 180° C (Umluft: 160° C) vorheizen. Die Muffin-Backform fetten oder mit Papierbackförmchen auslegen.

2. In einer Schüssel das Mehl, Backpulver, Natron und Vanillezucker gut miteinander vermischen. Die Orange schälen, filetieren, klein schneiden und unterheben.

3. In einer weiteren großen Schüssel das Ei leicht verquirlen und mit Öl, Zucker und Mohn verrühren.

4. Die trockenen Zutaten zu den feuchten schütten und vorsichtig unterheben.

5. Die Backform mit Teig befüllen und auf der mittleren Schiene 20–25 Minuten backen. Die Muffins noch ca. 5 Minuten in der Backform ruhen lassen, dann vorsichtig herausnehmen und auf einem Kuchengitter abkühlen lassen.

6. Puddingpulver und Zucker in die Milch einrühren. Unter ständigem Rühren aufkochen und abkühlen lassen. Den Pudding mit Quark verrühren und auf die Muffins streichen.

7. Die Kuvertüre im Wasserbad erwärmen und die Muffins damit überziehen. Die Orangenscheiben vor dem Festwerden der Kuvertüre auf die Muffins setzen.

Mohn-Orangen-Muffins

Zutaten:

300 g Weißmehl
20 g Hefe
2 TL Zucker
2 EL warme Milch
2 frische Eier
½ TL Salz
60 g Zucker
1 Päckchen Bourbon-
Vanillezucker
1 Prise Zimt
1 Prise gemahlene Muskatblüte
abgeriebene Schale von
1 unbehandelten Zitrone
120 g Butter
1 EL Milch
60 g Rosinen
je 20 g gehacktes Zitronat
und Orangeat

Zum Bestreichen:
etwas Butter

Zum Bestreuen:
Puderzucker

Für die Backform:
Butter oder Margarine

Panettone ist ursprünglich ein mailändisches Weihnachtsgebäck.

Zubereitung:

1. Das Mehl in eine Schüssel sieben und in die Mehlmitte eine Mulde eindrücken. Die Hefe und Zucker in etwas warmer Milch auflösen und in die Mulde schütten. Zugedeckt ca. 15 Minuten ruhen lassen.

2. Die Eier verquirlen und mit dem Salz, Zucker, Vanillezucker, Gewürzen, Zitronenschale, Butter, Milch, Rosinen, Orangeat und Zitronat zum Mehl geben. Alles zusammen zu einem glatten Teig kneten und schlagen, bis der Teig Blasen wirft. Nochmals zugedeckt ca. 2 ½ Stunden ruhen lassen.

3. Die Muffin-Backform fetten. Den Teig in 6 Stücke teilen, zu Kugeln formen und in die Backformvertiefungen setzen. Noch einmal abdecken und weitere 10 Minuten ruhen lassen.

4. Den Backofen auf 180° C (Umluft: 160° C) vorheizen.

5. Auf der mittleren Schiene 25–30 Minuten backen.

6. Die Butter in einem Topf zerlassen und die noch heißen Panettones damit satt bestreichen. Aus der Backform lösen und auf ein Kuchengitter setzen. Mit Puderzucker bestäuben und abkühlen lassen.

Panettone

Die 9 Süßen – zum Verwöhnen bei Kaffee und Tee

Zutaten:

150 g Weißmehl
1 frisches Ei
1 Prise Salz
70 g Butter
50 g Zucker

10 g Butter
120 g brauner Zucker
160 g grob gehackte
Cashewnüsse
100 ml Sahne

Zum Bestreichen:
1 frisches Eigelb

Zum Verzieren:
Puderzucker

Für die Backform:
Margarine

Zubereitung:

1. Das Mehl auf eine Backunterlage sieben und in die Mehlmitte eine Mulde eindrücken. Das Ei in die Mulde geben, Salz, Butterflöckchen und Zucker auf dem Mehlrand verteilen. Alles zusammen zu einem Mürbteig kneten.

2. Die Muffin-Backform fetten.

3. Den Teig auf einer leicht bemehlten Unterlage dünn auswellen. 6 Kreise mit ca. 10 cm Durchmesser ausstechen oder ausschneiden, vorsichtig in die Backformvertiefungen eindrücken und einige Male einstechen. Den restlichen Teig kühl stellen.

4. Den Backofen auf 180° C (Umluft: 160° C) vorheizen.

5. Die Butter in einem Topf leicht erhitzen. Wenn sie flüssig ist, den Zucker dazugeben und unter ständigem Rühren karamellisieren lassen. Nun die Nüsse und die Sahne dazugeben, weiterrühren und kurz aufkochen lassen. Die Masse in die Backformvertiefungen verteilen.

6. Den restlichen Teig in 6 gleich große Kugeln teilen. Diese jeweils zu einem passenden runden Deckel auswellen und über die Füllung legen. Die Deckel am Rand etwas andrücken und mit Eigelb bestreichen.

7. Auf der mittleren Schiene 15–20 Minuten backen und in der Form abkühlen lassen. Fast erkaltet vorsichtig aus der Form lösen.

Pie mit Cashewnüssen

Die 9 Süßen – zum Verwöhnen bei Kaffee und Tee

Zutaten:

70 g Weißmehl
1 TL Backpulver
½ TL Natron
40 g gemahlene Haselnüsse
40 g gemahlene Mandeln
50 g Nougat

1 frisches Ei
60 g weiche Butter
60 g Zucker
60 ml Buttermilch

Zum Verzieren:
100 g dunkle
Schokoladenkuvertüre
50 g weiße
Schokoladenkuvertüre
12 Lollies oder
Schokostäbchen

Für die Backform:
Margarine

Zubereitung:

1. Den Backofen auf 180° C (Umluft: 160° C) vorheizen. Die Muffin-Backform fetten.

2. In einer Schüssel das Mehl, Backpulver, Natron, Nüsse, Mandeln und klein geschnittenes Nougat gut miteinander vermischen.

3. In einer weiteren großen Schüssel das Ei leicht verquirlen und mit Butter, Zucker und Buttermilch verrühren.

4. Die trockenen zu den feuchten Zutaten geben und vorsichtig unterheben.

5. Die Backform mit Teig befüllen und auf der mittleren Schiene 20–25 Minuten backen. Die Muffins noch ca. 5 Minuten in der Backform ruhen lassen, dann vorsichtig herausnehmen und auf einem Kuchengitter abkühlen lassen.

6. Für die Verzierung die Kuvertüre im Wasserbad schmelzen. Die Muffins seitlich mit dunkler, oben mit weißer Kuvertüre bestreichen. Mit den Lollies oder Schokostäbchen verzieren.

Paukenschlagmuffins

Zutaten:

40 g Cornflakes oder
Popcorn-Mais
2 EL Butter oder Speiseöl
20 g Zucker
80 g gemischte,
grob gehackte Nüsse
(Walnüsse, Haselnüsse,
Mandeln)
150 g Vollmilch-Kuvertüre oder
170 g Vollmilch-Schokolade

Für die Backform:
Margarine oder
Papierbackförmchen

Verwenden Sie Cornflakes,
benötigen Sie die für das
Popcorn vorgesehenen
Zutaten (Mais, Butter
oder Öl, Zucker) nicht.

Zubereitung:

1. Zur Herstellung des Popcorns die Butter oder das Öl in einem Topf bei mittlerer Hitzeeinstellung erhitzen. Den Mais dazugeben und verrühren. Den Topfdeckel aufsetzen und den Topf leicht schütteln. Nach kurzer Zeit beginnt der Mais unter knallendem Geräusch aufzuplatzen. Den Topf durch kräftiges Schütteln so lange in Bewegung halten, bis keine Körner mehr platzen. Den Zucker dazugeben. Nochmals schütteln und für 1 Minute auf den Herd stellen. Den Topf vom Herd nehmen und den Deckel abnehmen. Das Popcorn ausleeren und die nicht aufgesprungenen Körner aussortieren.

2. Die Cornflakes oder das Popcorn ein wenig klein wiegen, in einen großen Topf schütten und die Nüsse untermengen.

3. Die Kuvertüre im Wasserbad unter ständigem Rühren bei mittlerer Hitze schmelzen lassen, bis sie ganz zerlaufen ist, und gleichmäßig über die Cornflakes (bzw. das Popcorn) verteilen. Alles miteinander vermengen.

4. Die Backform fetten oder mit Papierförmchen auslegen. Die Cornflakes- (bzw. Popcorn-) Schokoladen-Masse in die Muffin-Backform füllen. Im Kühlschrank erkalten lassen. Vorsichtig mit einem Holzstäbchen oder Spatel aus der Backform lösen und servieren.

Tipp: Wenn Sie für die Knusperle Popcorn verwenden, können Sie dieses auch ohne Zucker zubereiten.

Cornflakesknusperle

Die 9 Süßen – zum Verwöhnen bei Kaffee und Tee

Zutaten:

70 g Butter
40 g Zucker
½ Päckchen Vanillezucker
2 frische Eigelb
70 g Maronimus (Konserve)
Saft und Schale
von ½ unbehandelten Orange
70 g gekochte ganze Maroni
(ohne Schale)
40 g Zucker
3 EL Sahne

2 frische Eiweiß
1 Prise Salz
1 EL Zucker

70 g gemahlene Mandeln
80 g Weißmehl
½ TL Backpulver

Zum Verzieren:
100 g Frischkäse
1½ EL Puderzucker
1 EL Rum
etwas Zimt

Für die Backform:
Margarine

Zubereitung:

1. In einer Schüssel die Butter weich rühren. Zucker, Vanillezucker und Eigelbe während des Rührens dazugeben. Das Maronimus, Orangenschale und -saft hinzufügen und verrühren.

2. Die Maroni klein hacken. In einer Pfanne den Zucker erhitzen, bis sich dieser verflüssigt. Die Maroni dazugeben und unter ständigem Rühren bei mäßiger Hitze anbräunen. Die Sahne einrühren und die Pfanne vom Herd nehmen. Etwas abkühlen lassen und die Maroni unter die Buttermasse rühren.

3. Den Backofen auf 180° C (Umluft: 160° C) vorheizen. Die Muffinform fetten.

4. Das Eiweiß mit dem Salz steif schlagen. Weiterschlagen und den Zucker dabei einrieseln lassen.

5. Die Mandeln, Mehl und Backpulver vermischen. Abwechselnd mit dem Eischnee lagenweise auf die Maronimasse geben und vorsichtig unterheben. Die Masse in die Backformvertiefungen verteilen und auf der mittleren Schiene 20–25 Minuten backen.

6. Die Maronistulpen kurz in der Backform ruhen lassen, dann vorsichtig herauslösen und auf einem Kuchengitter abkühlen lassen.

7. Für die Verzierung den Frischkäse mit Puderzucker und Rum verrühren, in einen Spritzbeutel füllen und Tupfen auf die Maronistulpen spritzen. Mit Zimt bestreuen.

Maronistulpen

Zutaten:

100 g Weißmehl
1 frisches Ei
50 g gemahlene Haselnüsse
50 g Butter
2 EL brauner Zucker

60 g ganze Mandeln
60 g ganze Haselnüsse
60 g ganze Walnusskerne

60 g Zucker
60 g Butter
60 g Honig

Für die Backform:
Margarine

Zubereitung:

1. Das Mehl auf eine Backunterlage sieben und in die Mitte eine Mulde eindrücken. Das Ei in die Mulde geben. Die Haselnüsse, Butter in Flöckchen und den Zucker dazugeben und alles zu einem Teig kneten.

2. Den Backofen auf 180° C (Umluft: 160° C) vorheizen. Die Muffin-Backform fetten.

3. Die Nüsse grob hacken. Den Teig in die Backform-vertiefungen gleichmäßig eindrücken und mit den Nüssen befüllen. Auf der mittleren Schiene 10 Minuten vorbacken.

4. Den Zucker in einer Pfanne unter ständigem Rühren erhitzen, bis er sich verflüssigt und zu bräunen beginnt. Butter und Honig dazugeben und zügig unterrühren. Die Masse auf den Nüssen in der Backform verteilen und nochmals 15 Minuten backen. In der Form etwas abkühlen lassen, dann die Nussbeißer vorsichtig aus der Backform nehmen und auf einem Kuchengitter abkühlen lassen.

Tipp: Nach dem Backen die übergelaufene Masse in die Form zurückdrücken, solange die Törtchen noch heiß sind.

Nussbeißer

Zutaten:

200 g Löffelbiskuits
3 EL Rum
200 ml Milch
50 g Zucker
1 Päckchen Vanillezucker
2 frische Eigelb
1 TL Speisestärke
20 g Butter

120 g Butter

Zum Verzieren:
100 g dunkle
Schokoladenkuvertüre
6–12 weiße Schokoblätter

Für die Backform:
Margarine

Zubereitung:

1. Die Löffelbiskuits zerbröseln. Den Rum über den Bröseln verteilen und miteinander vermischen.

2. Zum Herstellen des Puddings die Milch in einen Topf füllen. Zucker, Vanillezucker, Eigelbe und Speisestärke in die kalte Milch einrühren. Unter ständigem Rühren erhitzen, die Butter dazugeben, alles kurz aufkochen und dann abkühlen lassen.

3. Die Butter schaumig rühren und während des Rührens den Pudding löffelweise hinzufügen. Die zerbröselten Löffelbiskuits ebenfalls unter die Masse rühren.

4. Die Muffin-Backform fetten, mit der Masse befüllen, anschließend glatt streichen und abgedeckt 2–3 Stunden im Kühlschrank ruhen lassen.

5. Für die Verzierung die Granatsplitter auf ein Kuchengitter stürzen. Die Schokoladenkuvertüre im Wasserbad schmelzen und die Granatsplitter mithilfe eines Backpinsels bestreichen. Mit Schokoblättern verzieren.

Granatsplitter

Zutaten:

150 g Weißmehl
100 g Zucker
80 g gemahlene Mandeln
1 Päckchen Lebkuchengewürz
½ TL Kakao
½ TL Instantkaffee
1 Päckchen Vanillezucker
1½ TL Backpulver
50–70 g gehacktes Orangeat

2 frische Eier
70 ml warme Milch
2 EL Honig
40 g zerlassene Butter

Für den Guss:
100 g Puderzucker
Saft von ½ Zitrone

Zum Verzieren:
Mandeln
Zitronat
kandierte Kirschen

Für die Backform:
Margarine oder
Papierbackförmchen

Zubereitung:

1. Den Backofen auf 180° C (Umluft: 160° C) vorheizen. Die Muffin-Backform fetten oder mit Papierback-förmchen auslegen.

2. Das Mehl in eine Schüssel sieben, mit Zucker, Mandeln, Gewürz, Kakao, Kaffeepulver, Vanillezucker, Backpulver und Orangeat gut verrühren.

3. In einer weiteren großen Schüssel die Eier leicht ver-quirlen und mit der Milch, Honig und Butter verrühren.

4. Die trockenen zu den feuchten Zutaten geben und miteinander verrühren.

5. Die Muffin-Backform befüllen und auf der mittleren Schiene 20–25 Minuten backen. Die Lebkuchen noch kurz in der Backform ruhen lassen, dann vorsichtig herauslösen und auf einem Kuchengitter abkühlen lassen.

6. Für die Verzierung den Puderzucker mit dem Zitronensaft zu einer Glasur verrühren und auf die noch heißen Lebkuchen streichen. Mit Mandeln, Zitronat und kandierten Kirschen verzieren.

Liegnitzer Lebkuchen

Register

Die Autorin:

Hanna Renz, Jahrgang 1967, hat bereits mehrere Bücher verfasst. Es ist ihre besondere Vorliebe, im Kochen, Backen und anderen Bereichen immer neue Ideen zu verwirklichen.

Da sie außerdem Mutter von 5 Kindern ist, weiß sie um die oft knappe Zeit und die Anforderungen, die an Mütter, Gastgeber und Veranstalter bei kurzfristigen Besuchen, Festen, Partys und an Singles gestellt werden. Gerne lässt sie andere an der Freude, mit Selbstgemachtem zu überraschen und Selbstgemachtes zu genießen, teilhaben.

Einen großen Teil des Foodstylings für die Fotografie in diesem Buch führte sie selbst durch.

© 2005 SAMMÜLLER KREATIV GmbH

Genehmigte Lizenzausgabe
EDITION XXL GmbH
Fränkisch-Crumbach 2005
www.edition-xxl.de

Text: Hanna Renz, Altensteig
Fotografie: Christian Kargl, München
Layout: Nadine Meisinger
Satz: Henrik Stürzebecher

ISBN 3-89736-092-6